KATHRIN KALDA

GRÜNE SMOOTHIES
FÜR DEN FRÜHLING

100% SOUL DRINKS

Über das Buch: Eine erfrischende Rezeptsammlung, die Lust auf's Losmixen macht: *Grüne Smoothies für den Frühling* hält 60 kreative Rezepte für Einsteiger und Fortgeschrittene bereit und schöpft dabei aus allem, was die blühende Jahreszeit zu bieten hat.

Unter dem Motto *100% Soul Drinks* interpretiert die junge Autorin die grünen Trenddrinks erfrischend anders und gibt ihre persönlichen Empfehlungen zur Zubereitung weiter. Als reines Rezeptbuch ist *Grüne Smoothies für den Frühling* die ideale Ergänzung zu Ratgebern und ein Must-Have für jeden Smoothie-Fan.

Über die Autorin: Kathrin Kalda, fitnessbegeisterte und ernährungsbewusste Medienmanagerin aus Hamburg, kann sich grüne Smoothies aus ihrem Leben nicht mehr wegdenken. Sie hat die Powerdrinks inmitten ihrer "Twenties" für sich entdeckt, sich intensiv mit ihrer Zubereitung beschäftigt und entwickelt begeistert eigene Kreationen ihrer selbst ernannten *Soul Drinks*.

Geprägt durch ihre estnischen Wurzeln - ihre Familie bewirtschaftet auf Saaremaa einen Hof, Felder und Waldgebiete - liegt ihr die saisonale Verwendung von Lebensmitteln von Kind an am Herzen. Mit ihrer Reihe *100% Soul Drinks* möchte sie den regionalen Bezug der Zutaten fördern und mit ihren Rezepten Einsteiger wie Fortgeschrittene zum Genuss von grünen Smoothies inspirieren.

KATHRIN KALDA

GRÜNE SMOOTHIES
FÜR DEN FRÜHLING

60 SAISONALE REZEPTE

100% SOUL DRINKS

Bibliografische Information der Deutschen Nationalbibliothek:
Die Deutsche Nationalbibliothek verzeichnet diese Publikation in der Deutschen Nationalbibliografie; detaillierte bibliografische Daten sind im Internet über http://dnb.dnb.de abrufbar.

© *2015 Kathrin Kalda*

Herstellung und Verlag: BoD – Books on Demand, Norderstedt

ISBN: 978-3-7347-6558-2

INTRO

100% SOUL DRINKS

oul Drinks in Grün? Vor einiger Zeit hätte ich diese Kombination nicht für möglich gehalten. Eher zufällig entdeckt, sind grüne Smoothies in kürzester Zeit zu meiner wichtigsten Nahrungsgewohnheit geworden. Seitdem habe ich mich intensiv mit ihrer Zubereitung beschäftigt. Doch zuerst einmal: warum *100% Soul Drinks?*

Inmitten meiner „Twenties", gerade das Studium beendet und in den Startlöchern für den ersten Vollzeitjob, fühlte ich mich trotz eines regelmäßigen Fitnessprogramms und bewusster Ernährung andauernd müde und erschöpft. Ärztliche Untersuchungen konnten keinen signifikanten Mangel aufdecken - auf dem Papier war ich putzmunter.

Auch wenn ich mich von vermeintlichen Ernährungstrends nicht schnell mitreißen lasse, fühlte ich mich von den Vorteilen der grünen Smoothies direkt angesprochen:

- **Gesundheitsfördernd**: Gemüse, Obst und Kräuter in unbehandelter, roher Form schützen unseren Körper durch Antioxidantien vor freien Radikalen. Durch die Fülle an Vitaminen und Mineralien in grünen Smoothies wird unser Immunsystem direkt gestärkt, sodass wir weniger anfällig für Krankheiten sind.

- **Einfach:** Zutaten waschen, grob schneiden, im Mixer mit Wasser zu einem cremigen Drink vereinen – fertig. So lässt sich gesunde Ernährung perfekt in den Alltag integrieren. Durch die Verarbeitung in Form von Smoothies wird es zum Kinderspiel, die empfohlenen Tagesmengen an Gemüse und Obst zu sich zu nehmen.

- **Nachhaltig**: Die Zutaten werden bis auf wenige Ausnahmen vollständig verwendet. Hoch wirksame Bestandteile, die sonst ihr Ende auf dem Kompost finden, spielen im grünen Smoothie die Hauptrolle: Blattgrün, Kerne, Schale.

Seit vielen Monaten trinke ich täglich einen grünen Powerdrink. Innerhalb kurzer Zeit spürte ich, wie die Smoothies ihre Wirkung entfalteten, sich positiv auf meinen Körper, Energiehaushalt und Geist auswirkten. Da sie auch noch die idealen Begleiter für unterwegs sind – schnell morgens zu Hause gemixt und umgefüllt – sind sie für mich zu meinen *Soul Drinks* geworden, die ich jeden Tag dabei habe. Im Büro, beim Sport, bei Erledigungen in der Stadt.

Heute fühle ich mich extrem fit - ich bin leistungsfähiger, konzentrierter und einfach motivierter. Ich verspüre weniger Heißhunger auf Süßigkeiten oder Fast Food und mein Kaffeekonsum ist gesunken. Meine neu gewonnene Lebensqualität möchte ich durch dieses Buch teilen.

Mein Bewusstsein für die sorgfältige Auswahl und die saisonale Verwendung von Lebensmitteln ist schon seit meiner Kindheit ausgeprägt. Mit estnischen Wurzeln geboren, reise ich seit Kindestagen regelmäßig zur Familie meines Vaters auf die naturbelassene Insel Saaremaa. Auf dem familieneigenen Hof im Westen Estlands, welcher direkt an große Waldflächen grenzt, ernähren wir uns in erster Linie von dem, was uns die Saison natürlicherweise bietet. So ist die Idee entstanden, diese Ausgabe der Reihe *100% Soul Drinks* ganz unter das Motto Frühling (Bezugsmonate circa April bis Juni) zu stellen, um das saisonale Angebot an Gemüse und Obst auszuschöpfen und den regionalen Bezug der Zutaten zu fördern.

Der Frühling wartet mit einem großen Angebot an Gemüse, Blattgrün und Kräutern auf, welches kaum Wünsche offen lässt. Währenddessen greifen wir beim Obst in den ersten Monaten klimabedingt vor allem auf Lagerzutaten zurück. Um in den obstärmeren Monaten dennoch die nötige Abwechslung ins Glas zu bringen, sind die folgenden Rezepte, die jeweils für eine Tagesportion ausgelegt sind, teilweise um exotische Früchte ergänzt. Auf Wunsch können diese selbstverständlich ersetzt werden. Bei den Nährwertangaben handelt es sich um Richtwerte (Quelle: www.fddb.info).

Tipp: Auf meiner Facebook-Seite *Grüne Smoothies - 100% Soul Drinks* teile ich regelmäßig Rezepte und wissenswerte Informationen.

EMPFEHLUNGEN

100% SOUL DRINKS

Dieses Buch ist als praktische Rezeptsammlung mit persönlichen Empfehlungen zu verstehen und inspiriert zum direkten Loslegen und Genießen. Das Basiswissen über grüne Smoothies wird an dieser Stelle angerissen; bei Interesse an ausführlichen Hintergrundinformationen empfiehlt sich die Verwendung eines expliziten Ratgebers.

Evergreens: Geeignete milde Salatsorten im Frühling sind beispielsweise Lollo Rosso, Spinat, Kopf- und Feldsalat. Rucola, Radicchio, Endivie und Mangold bringen einen stärkeren Eigengeschmack mit. Der Frühling stellt außerdem Wirsing, das Grün von Roter Bete und Möhren, sowie Kräuter wie Petersilie bereit.

Frische Früchtchen: Hinsichtlich der Obstauswahl sind der Fantasie und den persönlichen Vorlieben grundsätzlich keine Grenzen gesetzt. Gut geeignet in den ersten Monaten des Jahres sind Lagerfrüchte wie Äpfel und Birnen. Ab circa April reihen sich Rhabarber und sämtliche Beeren wie Himbeeren, Blaubeeren/Heidelbeeren, Erdbeeren und Johannisbeeren in die Liste des Frühlingsobstes ein.

No Go: Soja- und Milchprodukte, tierisches Eiweiß, sowie erhitzte oder industriell hergestellte Zutaten sind nicht für die Verwendung in grünen Smoothies geeignet. Für die Vitaminaufnahme ist keine Zugabe von zusätzlichen Fetten notwendig.

Ice Ice Baby: Um die Smoothies kühl zu genießen, eignet sich die Zugabe von vier bis sechs Eiswürfeln pro Portion direkt zu Beginn des Mixvorgangs. Wird gefrorenes Obst verwendet, gewinnt der Smoothie automatisch eine angenehme Kälte. *Tipp*: Auch frisches Obst kann als Kälteträger dienen, wenn es einige Stunden vor der Verwendung in den Tiefkühler gegeben wird. Bananen und Beeren eignen sich hierfür besonders gut.

Die Mischung macht's: Abwechslung im Glas ist wichtig, da der Organismus nur durch einen ausgewogenen Mix von Gemüse und Obst mit allen wichtigen Nährstoffen versorgt werden kann. Außerdem kommt so garantiert keine Langeweile beim Genuss der Smoothies auf. *Tipp*: Durch das Zusammenführen gegensätzlicher Geschmacksrichtungen, wie herb und süß oder mild und scharf, entstehen besonders interessante Geschmackskonstellationen.

Das richtige Timing: Die notwendige Mixdauer hängt von den Eigenschaften des Geräts ab. Wichtig ist, dass alle Zutaten fein püriert und die Zellulosewände der Pflanzenzellen aufgebrochen werden. So sind die Inhaltsstoffe dem Körper voll zugänglich. Ist der Smoothie cremig und enthält keine groben Stückchen mehr, ist er bereit für den Verzehr. *Tipp*: Für eine besonders schonende Zubereitung wird der Mixer direkt auf die höchste Drehzahl geschaltet. Bei weniger leistungsstarken Geräten ist es empfehlenswert, die Zutaten vor dem Mixen zu zerkleinern.

Take it easy: Grüne Smoothies eignen sich wunderbar, um sie nach der Zubereitung abzufüllen und den Verzehr individuell in den Alltag zu integrieren. Da die Smoothies im Kühlschrank bis zu drei Tage haltbar sind, können sie auch auf Vorrat gemixt werden. *Tipp*: Für Aufbewahrung und Transport empfehlen sich geschmacksneutrale Behältnisse aus Glas mit möglichst breiten Flaschenhalsen, wie ausrangierte Milchflaschen.

Bio inside: Um die rohen Zutaten inklusive Blattgrün und Schalen sorglos verzehren zu können, ist der Bezug von Bio-Qualität ratsam. Nur so ist gewährleistet, dass bei der Bepflanzung keine Pestizide, Kunstdünger oder andere Schadstoffe verwendet werden. *Tipp*: Einige Bio-Bauernhöfe bieten inzwischen die Lieferung von Lebensmittelkisten an, die speziell auf die Zubereitung grüner Smoothies abgestimmt sind.

Crème de la Crème: Die Konsistenz der Smoothies hängt von ihrem Flüssigkeitsanteil, den Zutaten und den Eigenschaften des Mixers ab. Am Anfang des Mixvorgangs sollte pro Portion ungefähr eine Tasse Wasser in den Mixbehälter gegeben werden. Der Wasseranteil kann während des Mixens nach Belieben erhöht werden. Cremige Zutaten wie Avocados, Bananen und Birnen tragen zu einer sämigen Konsistenz bei. Außerdem ist die Anschaffung eines Hochleistungsmixers eine Investition, die sich definitiv bezahlt macht. Faktoren wie die Messergeschwindigkeit, Leistung und Form des Mixbehälters spielen hierbei eine Rolle. *Tipp*: Es empfiehlt sich, vor der Anschaffung eines Standmixers die ausführlichen Erfahrungs- und Testberichte im Internet zur Entscheidungsfindung zurate zu ziehen.

REZEPTE

100% SOUL DRINKS

SCHNEEGLÖCKCHEN

1 Birne (circa 200 Gramm)
1 Stück Ingwer (circa 5 Gramm)
¼ Kopf Eisbergsalat (circa 125 Gramm)
5 Blätter Mangold (circa 100 Gramm)
Wasser

Nährwerte: 620 kJ, 150 kcal, 4g Eiweiß, 30g Kohlenhydrate, 1g Fett, 10g Ballaststoffe

SCHNEESCHMELZE

½ Apfel (circa 100 Gramm)
1 Banane (gefroren, circa 110 Gramm)
½ Birne (circa 100 Gramm)
4 Blätter Chicorée (circa 80 Gramm)
5 Blätter Mangold (circa 100 Gramm)
1 Handvoll Feldsalat (circa 50 Gramm)
Wasser

Nährwerte: 1.050 kJ, 250 kcal, 6g Eiweiß, 51g Kohlenhydrate, 1g Fett, 12g Ballaststoffe

FRÜHLINGSNACHT

1 Apfel (circa 200 Gramm)
1 Tasse grüne Weintrauben (circa 100 Gramm)
4 Blätter vom Brokkoli (circa 80 Gramm)
5 Blätter Wirsing (circa 175 Gramm)
1 Handvoll jungen Spinat (circa 50 Gramm)
Wasser

Nährwerte: 1.160 kJ, 280 kcal, 12g Eiweiß, 45g Kohlenhydrate, 2g Fett, 15g Ballaststoffe

FRÜHLINGSTRAUM

½ Apfel (circa 100 Gramm)
1 Mango (eventuell gefroren, circa 250 Gramm)
1 Stück Ingwer (circa 5 Gramm)
5 Blätter Wirsing (circa 175 Gramm)
2 Handvoll Bataviasalat (circa 100 Gramm)
Wasser

Nährwerte: 1.180 kJ, 280 kcal, 8g Eiweiß, 50g Kohlenhydrate, 2g Fett, 12g Ballaststoffe

FRÜHLINGSVOLLMOND

1 Banane (circa 110 Gramm)
1 Birne (circa 200 Gramm)
Mark einer Vanilleschote (circa 5 Gramm)
2 Handvoll jungen Spinat (circa 100 Gramm)
Wasser

Nährwerte: 985 kJ, 235 kcal, 5g Eiweiß, 50g Kohlenhydrate, 1g Fett, 11g Ballaststoffe

FRÜHLINGS ERWACHEN

1 Apfel (circa 200 Gramm)
1 Tasse grüne Weintrauben (circa 100 Gramm)
½ Salatgurke (circa 200 Gramm)
4 Stängel Minze (circa 5 Gramm)
¼ Kopf Eisbergsalat (circa 125 Gramm)
Wasser

Nährwerte: 910 kJ, 215 kcal, 4g Eiweiß, 44g Kohlenhydrate, 2g Fett, 8g Ballaststoffe

ERSTE SONNENSTRAHLEN

½ Birne (circa 100 Gramm)
1 Tasse Himbeeren (circa 100 Gramm)
1 Saftorange (circa 160 Gramm)
1 Handvoll Brunnenkresse (circa 50 Gramm)
1 Handvoll Feldsalat (circa 50 Gramm)
Wasser

Nährwerte: 755 kJ, 179 kcal, 5g Eiweiß, 32g Kohlenhydrate, 1g Fett, 13g Ballaststoffe

FRÜHLINGSGEFÜHLE

1 Saftorange (circa 160 Gramm)
2 Datteln (getrocknet, ohne Stein)
2 Tassen Stachelbeeren (circa 200 Gramm)
2 Handvoll Feldsalat (circa 100 Gramm)
Wasser

Nährwerte: 820 kJ, 195 kcal, 6g Eiweiß, 34g Kohlenhydrate, 1g Fett, 12g Ballaststoffe

FRÜHLINGSDATE

4 Aprikosen (getrocknet)
2 Tassen Erdbeeren (circa 200 Gramm)
5 Blätter der Roten Bete (circa 60 Gramm)
1 Handvoll Bataviasalat (circa 50 Gramm)
1 Handvoll jungen Spinat (circa 50 Gramm)
1 Esslöffel Agavendicksaft
Wasser

Nährwerte: 620 kJ, 150 kcal, 5g Eiweiß, 26g Kohlenhydrate, 1g Fett, 7g Ballaststoffe

FRÜHLINGSLAUNE

1 Banane (circa 110 Gramm)
1 Birne (circa 200 Gramm)
1 Tasse grüne Weintrauben (circa 100 Gramm)
5 Blätter der Roten Bete (circa 60 Gramm)
1 Handvoll Möhrengrün (circa 50 Gramm)
Wasser

Nährwerte: 1.180 kJ, 280 kcal, 4g Eiweiß, 63g Kohlenhydrate, 1g Fett, 10g Ballaststoffe

FRÜHLINGSFERIEN

1 kleine Handvoll Aroniabeeren (getrocknet, circa 40 Gramm)
1 Birne (circa 200 Gramm)
¼ Zitrone (geschält, circa 40 Gramm)
1 Handvoll Brunnenkresse (circa 50 Gramm)
1 halbe Handvoll Möhrengrün (circa 25 Gramm)
Wasser

Nährwerte: 975 kJ, 235 kcal, 5g Eiweiß, 48g Kohlenhydrate, 1g Fett, 12g Ballaststoffe

VOGELZUG

1 Scheibe Ananas (1 cm dick, circa 100 Gramm)
2 Tassen Himbeeren (circa 200 Gramm)
2 Handvoll jungen Spinat (circa 100 Gramm)
Wasser

Nährwerte: 610 kJ, 145 kcal, 6g Eiweiß, 23g Kohlenhydrate, 1g Fett, 13g Ballaststoffe

VOGELGEZWITSCHER

1 Apfel (circa 200 Gramm)
2 Tassen Beerenmischung (circa 200 Gramm)
¼ Zitrone (geschält, circa 40 Gramm)
¼ Kopf Lollo Rosso (circa 125 Gramm)
Wasser

Nährwerte: 900 kJ, 215 kcal, 5g Eiweiß, 40g Kohlenhydrate, 3g Fett, 12g Ballaststoffe

FRÜHLINGSWOLKE

1 Stück Ingwer (circa 5 Gramm)
¼ Zitrone (geschält, circa 40 Gramm)
2 Handvoll Löwenzahn (circa 100 Gramm)
1 Handvoll Radicchio (circa 50 Gramm)
Wasser

Nährwerte: 335 kJ, 80 kcal, 3g Eiweiß, 12g Kohlenhydrate, 1g Fett, 4g Ballaststoffe

LAUE LUFT

2 Datteln (getrocknet, ohne Stein)
1 Mango (eventuell gefroren, circa 250 Gramm)
1 Handvoll Brennnessel (circa 50 Gramm)
2 Handvoll jungen Spinat (circa 100 Gramm)
Wasser

Nährwerte: 890 kJ, 210 kcal, 8g Eiweiß, 38g Kohlenhydrate, 2g Fett, 9g Ballaststoffe

KUCKUCKSRUF

1 Birne (circa 200 Gramm)
1 Tasse grüne Weintrauben (circa 100 Gramm)
¼ Zitrone (geschält, circa 40 Gramm)
5 Blätter Wirsing (circa 175 Gramm)
Wasser

Nährwerte: 1.025 kJ, 245 kcal, 7g Eiweiß, 47g Kohlenhydrate, 2g Fett, 12g Ballaststoffe

FRÜHLINGSBOTE

1 Apfel (circa 200 Gramm)
1 Saftorange (circa 160 Gramm)
1 Handvoll Rucola (circa 50 Gramm)
1 Handvoll Weizengras (Chlorophyllbombe, circa 50 Gramm)
Wasser

Nährwerte: 1.250 kJ, 300 kcal, 11g Eiweiß, 38g Kohlenhydrate, 2g Fett, 30g Ballaststoffe

LÖWENZAHN

1 Apfel (circa 200 Gramm)
1 Banane (circa 110 Gramm)
1 Birne (circa 200 Gramm)
2 Handvoll Löwenzahn (circa 100 Gramm)
Wasser

Nährwerte: 1.510 kJ, 360 kcal, 6g Eiweiß, 79g Kohlenhydrate, 2g Fett, 14g Ballaststoffe

MÄRZVEILCHEN

1 Stück Ingwer (circa 5 Gramm)
1 Saftorange (circa 160 Gramm)
5 Veilchen (Viola odorata)
2 Handvoll jungen Spinat (circa 100 Gramm)
Wasser

Nährwerte: 405 kJ, 95 kcal, 5g Eiweiß, 14g Kohlenhydrate, 1g Fett, 5g Ballaststoffe

APRIL, APRIL

¼ Stange Rhabarber (circa 50 Gramm)
3 Tassen grüne Weintrauben (circa 300 Gramm)
1 Handvoll Feldsalat (circa 50 Gramm)
1 Handvoll jungen Spinat (circa 50 Gramm)
1 Tasse Apfelsaft (naturtrüb, circa 100 Milliliter)
Wasser

Nährwerte: 1.205 kJ, 290 kcal, 5g Eiweiß, 60g Kohlenhydrate, 1g Fett, 7g Ballaststoffe

KARFREITAGSDRINK

2 Tassen Erdbeeren (circa 200 Gramm)
½ Salatgurke (circa 200 Gramm)
5 Blätter der Roten Bete (circa 60 Gramm)
2 kleine Handvoll jungen Spinat (circa 75 Gramm)
Wasser

Nährwerte: 430 kJ, 100 kcal, 5g Eiweiß, 15g Kohlenhydrate, 1g Fett, 6g Ballaststoffe

FRÜHLINGSBLUES

1 Tasse Blaubeeren (circa 100 Gramm)
1 Saftorange (circa 160 Gramm)
¼ Kopf Eisbergsalat (circa 125 Gramm)
½ Bund Petersilie (circa 25 Gramm)
Wasser

Nährwerte: 615 kJ, 145 kcal, 5g Eiweiß, 25g Kohlenhydrate, 1g Fett, 11g Ballaststoffe

OSTERGLOCKE

1 Apfel (circa 200 Gramm)
2 Stangen Staudensellerie (circa 150 Gramm)
4 Stängel Basilikum (circa 5 Gramm)
5 Blätter Wirsing (circa 175 Gramm)
Wasser

Nährwerte: 780 kJ, 185 kcal, 8g Eiweiß, 32g Kohlenhydrate, 5g Fett, 9g Ballaststoffe

OSTERMORGEN

2 Tassen Erdbeeren (circa 200 Gramm)
¼ Stange Rhabarber (circa 50 Gramm)
1 Saftorange (circa 160 Gramm)
1 Handvoll Feldsalat (circa 50 Gramm)
1 Handvoll Rucola (circa 50 Gramm)
Wasser

Nährwerte: 710 kJ, 170 kcal, 6g Eiweiß, 26g Kohlenhydrate, 2g Fett, 10g Ballaststoffe

OSTERHASE

1 Apfel (circa 200 Gramm)
1 Stück Ingwer (circa 5 Gramm)
4 Blätter vom Brokkoli (circa 75 Gramm)
½ Salatgurke (circa 200 Gramm)
2 kleine Handvoll jungen Spinat (circa 75 Gramm)
Wasser

Nährwerte: 690 kJ, 165 kcal, 7g Eiweiß, 29g Kohlenhydrate, 2g Fett, 10g Ballaststoffe

EIERSUCHE

1 Avocado (circa 200 Gramm)
1 Birne (circa 200 Gramm)
¼ Zitrone (geschält, circa 40 Gramm)
1 Handvoll Brunnenkresse (circa 50 Gramm)
1 Handvoll jungen Spinat (circa 50 Gramm)
Wasser

Nährwerte: 1.735 kJ, 415 kcal, 6g Eiweiß, 35g Kohlenhydrate, 26g Fett, 16g Ballaststoffe

KÜKENSCHLÜPFEN

1 Apfel (circa 200 Gramm)
4 Aprikosen (getrocknet)
1 Tasse grüne Weintrauben (circa 100 Gramm)
2 Handvoll Eichblattsalat (circa 100 Gramm)
Wasser

Nährwerte: 1.100 kJ, 260 kcal, 4g Eiweiß, 55g Kohlenhydrate, 2g Fett, 8g Ballaststoffe

AUS DEM EI GEPELLT

1 Apfel (circa 200 Gramm)
1 Banane (circa 110 Gramm)
1 Stück Ingwer (circa 5 Gramm)
½ Bund Petersilie (circa 25 Gramm)
2 kleine Handvoll jungen Spinat (circa 75 Gramm)
Wasser

Nährwerte: 970 kJ, 230 kcal, 5g Eiweiß, 48g Kohlenhydrate, 1g Fett, 9g Ballaststoffe

TULPENTANZ

1 Tasse Erdbeeren (circa 100 Gramm)
1 Tasse Himbeeren (circa 100 Gramm)
1 Tasse Johannisbeeren (idealerweise rot, circa 100 Gramm)
1 Stück Ingwer (circa 5 Gramm)
¼ Kopf Lollo Rosso (circa 125 Gramm)
Wasser

Nährwerte: 510 kJ, 120 kcal, 5g Eiweiß, 19g Kohlenhydrate, 1g Fett, 12g Ballaststoffe

FRÜHLINGSPRACHT

2 Tassen Erdbeeren (circa 200 Gramm)
1 Tasse Himbeeren (circa 100 Gramm)
16 Blätter Kopfsalat (circa 100 Gramm)
1 Tasse Rosenkohl (circa 100 Gramm)
Wasser

Nährwerte: 610 kJ, 145 kcal, 9g Eiweiß, 20g Kohlenhydrate, 2g Fett, 14g Ballaststoffe

GÄNSEBLÜMCHEN

1 Mango (eventuell gefroren, circa 250 Gramm)
¼ Zitrone (geschält, circa 40 Gramm)
2 kleine Handvoll Feldsalat (circa 75 Gramm)
10 Gänseblümchen
5 Blätter Mangold (circa 100 Gramm)
Wasser

Nährwerte: 880 kJ, 210 kcal, 5g Eiweiß, 36g Kohlenhydrate, 2g Fett, 9g Ballaststoffe

WALPURGISTRANK

2 Datteln (getrocknet, ohne Stein)
1 Granatapfel (geschält, circa 250 Gramm)
5 Blätter Mangold (circa 100 Gramm)
5 Blätter der Roten Bete (circa 60 Gramm)
½ Salatgurke (circa 200 Gramm)
Wasser

Nährwerte: 1.085 kJ, 260 kcal, 6g Eiweiß, 52g Kohlenhydrate, 2g Fett, 10g Ballaststoffe

1. MAI-DRINK

1 Apfel (circa 200 Gramm)
1 kleine Handvoll Aroniabeeren (getrocknet, circa 40 Gramm)
1 Banane (circa 110 Gramm)
2 kleine Handvoll jungen Spinat (circa 75 Gramm)
Wasser

Nährwerte: 1.325 kJ, 320 kcal, 5g Eiweiß, 67g Kohlenhydrate, 2g Fett, 14g Ballaststoffe

ALLES NEU MACHT DER MAI

1 Apfel (circa 200 Gramm)
1 Tasse Stachelbeeren (circa 100 Gramm)
1 Handvoll Feldsalat (circa 50 Gramm)
3 Blätter Wirsing (circa 100 Gramm)
1 Tasse Apfelsaft (naturtrüb, circa 100 Milliliter)
Wasser

Nährwerte: 1.010 kJ, 240 kcal, 5g Eiweiß, 47g Kohlenhydrate, 2g Fett, 11g Ballaststoffe

UNTERM MAIBAUM

1 Banane (circa 110 Gramm)
1 Birne (circa 200 Gramm)
1 Tasse Himbeeren (circa 100 Gramm)
½ Bund Petersilie (circa 25 Gramm)
2 kleine Handvoll jungen Spinat (circa 75 Gramm)
Wasser

Nährwerte: 1.105 kJ, 265 kcal, 7g Eiweiß, 54g Kohlenhydrate, 1g Fett, 15g Ballaststoffe

EISHEILIGER

1 Banane (gefroren, circa 110 Gramm)
1 Kiwi (circa 70 Gramm)
½ Mango (eventuell gefroren, circa 125 Gramm)
5 Blätter Grünkohl (circa 100 Gramm)
Wasser

Nährwerte: 1.110 kJ, 265 kcal, 7g Eiweiß, 46g Kohlenhydrate, 2g Fett, 11g Ballaststoffe

MAIGLÖCKCHEN

1 Tasse Erdbeeren (circa 100 Gramm)
1 Tasse Stachelbeeren (circa 100 Gramm)
1 Tasse grüne Weintrauben (circa 100 Gramm)
2 Handvoll Feldsalat (circa 100 Gramm)
1 Tasse Apfelsaft (naturtrüb, circa 100 Milliliter)
Wasser

Nährwerte: 910 kJ, 215 kcal, 4g Eiweiß, 43g Kohlenhydrate, 1g Fett, 7g Ballaststoffe

PUSTEBLUME

1 Avocado (circa 200 Gramm)
1 Tasse Johannisbeeren (idealerweise schwarz, circa 100 Gramm)
1 Saftorange (circa 160 Gramm)
16 Blätter Kopfsalat (circa 100 Gramm)
Wasser

Nährwerte: 1.690 kJ, 400 kcal, 7g Eiweiß, 28g Kohlenhydrate, 26g Fett, 17g Ballaststoffe

MUTTERTAGSGESCHENK

1 Apfel (circa 200 Gramm)
1 Stück Ingwer (circa 5 Gramm)
1 Tasse grüne Weintrauben (circa 100 Gramm)
5 Blätter Grünkohl (circa 100 Gramm)
1 Handvoll jungen Spinat (circa 50 Gramm)
Wasser

Nährwerte: 965 kJ, 230 kcal, 7g Eiweiß, 42g Kohlenhydrate, 2g Fett, 10g Ballaststoffe

HIMMELFAHRT

1 Scheibe Ananas (1 cm dick, circa 100 Gramm)
1 Apfel (circa 200 Gramm)
1 Stück Ingwer (circa 5 Gramm)
4 Blätter Chicorée (circa 80 Gramm)
5 Blätter Grünkohl (circa 100 Gramm)
Wasser

Nährwerte: 945 kJ, 230 kcal, 7g Eiweiß, 41g Kohlenhydrate, 2g Fett, 11g Ballaststoffe

PFINGSTROSE

1 Banane (circa 110 Gramm)
4 Datteln (getrocknet, ohne Stein)
1 Grapefruit (geschält, circa 230 Gramm)
5 Blätter Grünkohl (circa 100 Gramm)
1 Handvoll jungen Spinat (circa 50 Gramm)
Wasser

Nährwerte: 1.130 kJ, 270 kcal, 10g Eiweiß, 45g Kohlenhydrate, 2g Fett, 9g Ballaststoffe

PFINGSTSCHMAUS

1 Birne (circa 200 Gramm)
½ Mango (eventuell gefroren, circa 125 Gramm)
5 Blätter Mangold (circa 100 Gramm)
50 Gramm Weizengras (Chlorophyllbombe)
Wasser

Nährwerte: 1.310 kJ, 310 kcal, 11g Eiweiß, 45g Kohlenhydrate, 2g Fett, 32g Ballaststoffe

KIRSCHBLÜTE

½ Apfel (circa 100 Gramm)
½ Banane (circa 55 Gramm)
1 Tasse Himbeeren (circa 100 Gramm)
1 Kiwi (circa 70 Gramm)
¼ Zitrone (geschält, circa 40 Gramm)
2 Handvoll jungen Spinat (circa 100 Gramm)
Wasser

Nährwerte: 890 kJ, 215 kcal, 6g Eiweiß, 36g Kohlenhydrate, 2g Fett, 13g Ballaststoffe

TRAUBENHYAZINTHE

1 Grapefruit (geschält, circa 230 Gramm)
1 ½ Tassen grüne Weintrauben (circa 150 Gramm)
2 Handvoll Feldsalat (circa 100 Gramm)
6 Blätter Sauerampfer (circa 20 Gramm)
Wasser

Nährwerte: 970 kJ, 230 kcal, 5g Eiweiß, 42g Kohlenhydrate, 1g Fett, 5g Ballaststoffe

VERGISSMEINNICHT

1 Mango (eventuell gefroren, circa 250 Gramm)
1 Handvoll Bataviasalat (circa 50 Gramm)
1 Handvoll Löwenzahn (circa 50 Gramm)
1 Handvoll Rucola (circa 50 Gramm)
Wasser

Nährwerte: 850 kJ, 205 kcal, 5g Eiweiß, 38g Kohlenhydrate, 2g Fett, 7g Ballaststoffe

BLÜTENDRINK

½ Apfel (circa 100 Gramm)
1 Saftorange (circa 160 Gramm)
¼ Zitrone (geschält, circa 40 Gramm)
10 Gänseblümchen
3 Blätter vom Kohlrabi (circa 50 Gramm)
2 kleine Handvoll jungen Spinat (circa 75 Gramm)
Wasser

Nährwerte: 665 kJ, 160 kcal, 4g Eiweiß, 27g Kohlenhydrate, 1g Fett, 7g Ballaststoffe

WEIDENKÄTZCHEN

½ Avocado (circa 100 Gramm)
1 Saftorange (circa 160 Gramm)
4 Stangen grüner Spargel (geschält, circa 80 Gramm)
4 Stängel Basilikum (circa 5 Gramm)
3 Blätter Grünkohl (circa 60 Gramm)
Wasser

Nährwerte: 1.080 kJ, 260 kcal, 7g Eiweiß, 20g Kohlenhydrate, 14g Fett, 11g Ballaststoffe

ZITRONENFALTER

½ Apfel (circa 100 Gramm)
4 Radieschen (inklusive Blättern, circa 80 Gramm)
½ Salatgurke (circa 200 Gramm)
1 Stange Staudensellerie (circa 75 Gramm)
¼ Zitrone (geschält, circa 40 Gramm)
5 Blätter der Roten Bete (circa 60 Gramm)
Wasser

Nährwerte: 485 kJ, 115 kcal, 4g Eiweiß, 20g Kohlenhydrate, 3g Fett, 6g Ballaststoffe

NARZISSENBOWLE

1 Apfel (circa 200 Gramm)
1 Stück Ingwer (circa 5 Gramm)
1 Tasse grüne Weintrauben (circa 100 Gramm)
2 Handvoll Endiviensalat (circa 100 Gramm)
½ Salatgurke (circa 200 Gramm)
Wasser

Nährwerte: 915 kJ, 220 kcal, 4g Eiweiß, 44g Kohlenhydrate, 2g Fett, 9g Ballaststoffe

SPAZIERGANG IM WALD

½ Apfel (circa 100 Gramm)
1 Tasse Erdbeeren (circa 100 Gramm)
1 Saftorange (circa 160 Gramm)
2 kleine Handvoll Feldsalat (circa 75 Gramm)
12 Blätter einer roten Beere (zum Beispiel Erdbeere, circa 25 Gramm)
1 Tasse Apfelsaft (naturtrüb, circa 100 Milliliter)
Wasser

Nährwerte: 945 kJ, 225 kcal, 4g Eiweiß, 43g Kohlenhydrate, 1g Fett, 9g Ballaststoffe

PICKNICK AM SEE

4 Aprikosen (getrocknet)
1 Birne (circa 200 Gramm)
2 Handvoll Feldsalat (circa 100 Gramm)
5 Blätter Mangold (circa 100 Gramm)
Wasser

Nährwerte: 930 kJ, 220 kcal, 7g Eiweiß, 43g Kohlenhydrate, 1g Fett, 13g Ballaststoffe

RADTOUR INS GRÜNE

1 Apfel (circa 200 Gramm)
2 Datteln (getrocknet, ohne Stein)
1 Saftorange (circa 160 Gramm)
5 Blätter Mangold (circa 100 Gramm)
2 kleine Handvoll jungen Spinat (circa 75 Gramm)
Wasser

Nährwerte: 1.150 kJ, 275 kcal, 11g Eiweiß, 53g Kohlenhydrate, 2g Fett, 13g Ballaststoffe

WIESENPRIMEL

½ Apfel (circa 100 Gramm)
½ Banane (circa 55 Gramm)
1 Tasse Brombeeren (circa 100 Gramm)
1 Tasse Himbeeren (circa 100 Gramm)
2 kleine Handvoll Feldsalat (circa 75 Gramm)
5 Blätter Mangold (circa 100 Gramm)
Wasser

Nährwerte: 910 kJ, 220 kcal, 7g Eiweiß, 37g Kohlenhydrate, 2g Fett, 15g Ballaststoffe

KROKUSDUFT

2 Scheiben Ananas (je 1 cm dick, insgesamt circa 200 Gramm)
½ Apfel (circa 100 Gramm)
¼ Zitrone (geschält, circa 40 Gramm)
2 kleine Handvoll Löwenzahn (circa 75 Gramm)
2 kleine Handvoll jungen Spinat (circa 75 Gramm)
Wasser

Nährwerte: 1.000 kJ, 240 kcal, 6g Eiweiß, 46g Kohlenhydrate, 2g Fett, 9g Ballaststoffe

BIENENSUMMEN

½ Apfel (circa 100 Gramm)
1 kleine Handvoll Aroniabeeren (getrocknet, circa 40 Gramm)
1 Saftorange (circa 160 Gramm)
2 kleine Handvoll Feldsalat (circa 75 Gramm)
1 Handvoll Rucola (circa 50 Gramm)
Wasser

Nährwerte: 1.065 kJ, 255 kcal, 6g Eiweiß, 48g Kohlenhydrate, 2g Fett, 14g Ballaststoffe

STORCHENNEST

1 Apfel (circa 200 Gramm)
½ Limette (geschält, circa 25 Gramm)
4 Stängel Minze (circa 5 Gramm)
1 Handvoll Rucola (circa 50 Gramm)
2 kleine Handvoll jungen Spinat (circa 75 Gramm)
Wasser

Nährwerte: 610 kJ, 145 kcal, 4g Eiweiß, 25g Kohlenhydrate, 2g Fett, 7g Ballaststoffe

APFELBLÜTE

2 Äpfel (circa 400 Gramm)
Grüne Chili nach Belieben
2 Handvoll Rucola (circa 100 Gramm)
100 Milliliter Kokosmilch
Wasser

Nährwerte: 1.870 kJ, 440 kcal, 6g Eiweiß, 51g Kohlenhydrate, 22g Fett, 10g Ballaststoffe

FRÜHLINGSSORBET

2 Scheiben Ananas (je 1 cm dick, insgesamt circa 200 Gramm)
1 Banane (gefroren, circa 110 Gramm)
¼ Kopf Eisbergsalat (circa 125 Gramm)
100 Milliliter Kokosmilch
Wasser

Nährwerte: 1.865 kJ, 440 kcal, 6g Eiweiß, 54g Kohlenhydrate, 21g Fett, 7g Ballaststoffe

MARGERITENBOWLE

½ Apfel (circa 100 Gramm)
1 Tasse grüne Weintrauben (circa 100 Gramm)
1 Saftorange (circa 160 Gramm)
¼ Kopf Eisbergsalat (circa 125 Gramm)
½ Salatgurke (circa 200 Gramm)
Wasser

Nährwerte: 1.000 kJ, 240 kcal, 5g Eiweiß, 46g Kohlenhydrate, 2g Fett, 10g Ballaststoffe

BLAUER HIMMEL

1 Birne (circa 200 Gramm)
2 Tassen Blaubeeren (circa 200 Gramm)
4 Stängel Basilikum (circa 5 Gramm)
2 kleine Handvoll jungen Spinat (circa 75 Gramm)
Wasser

Nährwerte: 770 kJ, 185 kcal, 4g Eiweiß, 37g Kohlenhydrate, 2g Fett, 15g Ballaststoffe

SEE YOU ON FACEBOOK 🌼
100% SOUL DRINKS